ORAISON

FUNÈBRE.

A PARIS,

Chez LENORMANT, Imprimeur-Libraire, rue de Seine, N.º 3.

A LYON,

Chez { BALLANCHE, Imprimeur-Libraire, halles de la Grenette.
{ M.-P. RUSAND, Imprimeur-Libr., rue Mercière, N.º 26.

ORAISON FUNÈBRE

DE TRÈS-HAUT, TRÈS-PUISSANT ET TRÈS-EXCELLENT PRINCE
LOUIS XVI, Roi de France et de Navarre ;

DE TRÈS-HAUTE, TRÈS-PUISSANTE ET TRÈS-EXCELLENTE
PRINCESSE, MARIE-ANTOINETTE, Archiduchesse d'Autriche, Reine de France et de Navarre ;

DE TRÈS-HAUT, TRÈS-PUISSANT, TRÈS-EXCELLENT PRINCE,
LOUIS XVII, Roi de France et de Navarre ;

DE TRÈS-HAUTE, TRÈS-PUISSANTE ET TRÈS-EXCELLENTE
PRINCESSE, MADAME ELISABETH DE FRANCE, SŒUR
DE LOUIS XVIII le Désiré ;

*PRONONCÉE le 13 Juillet 1814, dans l'Eglise Paroissiale de
St. Polycarpe, par M. BONNEVIE, Chanoine de l'Eglise
Primatiale de St. Jean.*

LYON,
IMPRIMERIE DE BALLANCHE.

1814.

ORAISON FUNÈBRE

DE LL. MM.

LOUIS XVI ET MARIE-ANTOINETTE;

DE S. M. LOUIS XVII

ET DE

S. A. R. MADAME ELISABETH DE FRANCE.

Abstulit magnificos meos Dominus de medio mei.

Le Seigneur m'a enlevé ceux qui faisaient mon ornement
et ma gloire.

Lam. de Jér. ch. 1, v. 15.

Ces lamentables paroles de Jérémie, votre piété et votre
douleur ne les repètent-elles pas avec moi, dans la triste
cérémonie qui nous rassemble ? Hélas ! jusqu'à ces jours
de sécurité qui ont enfin lui sur la France, nos chaires

muettes et nos langues enchaînées n'avaient osé raconter les vertus d'un Roi, le plus honnête homme de son royaume, ni les infortunes de sa famille, ni les crimes d'une nation si renommée entre toutes les autres par son dévouement et par son amour : le meilleur des Princes était resté sans éloge comme sans tombeau ! Lorsque nous entendons, à travers les âges, la crainte ou la bassesse prodiguer la louange à ces ambitieux pervers, qui ne soupiraient qu'après des désastres fameux ; à ces dominateurs sanglans, qui n'ont échappé à l'oubli qu'en léguant leurs forfaits à l'histoire ; à ces insatiables dévastateurs, possédés du démon des batailles, usant leur règne en calamités, et assistant sans remords aux obsèques des nations ; les insensés, qui croyaient mettre leur tête à l'abri de la foudre, en la cachant sous des lauriers, et ne savaient pas que la lassitude des opprimés creuse tôt ou tard l'abîme des oppresseurs !

Chrétiens et Français, rétablissons enfin la vérité, trop long-temps captive, dans ses honneurs et dans ses droits ; réparons le malheur de notre silence ; acquittons la dette de nos cœurs oppressés, envers un Prince riche de vertus, que la Providence fit rarement asseoir sur le trône, heureux de ce goût des choses célestes, et de cet attrait pour la piété, le vrai trésor des souverains et des peuples ; qui, tranquille comme la sagesse, patient comme l'innocence, humain comme la charité, ne put jamais se résoudre à verser une goutte de notre sang. Pleurons cette Reine, plus grande que ses afflictions, plus forte que son sexe, plus élevée que son rang, que Marie-Thérèse avait confiée à notre loyauté hospitalière, et dans laquelle fut violée la majesté de deux nations ; pleurons cet enfant couronné, qui n'a vu que des larmes, et des tribulations égalées seulement par la constance qui les a souffertes ; pleurons cette Princesse accomplie, dont le premier vœu était de faire le bien, qui aimait son pays comme une mère aime son fils unique, ne respirait que pour son frère, et ne cessa jamais d'être mûre pour le ciel.

Déposons sur ce mausolée, comme l'offrande la plus agréable aux victimes augustes qu'il renferme, nos longues inimitiés, nos ressentimens secrets, nos souvenirs amers ; et que l'oubli du passé garantisse le repos de l'avenir. Honorons la cendre de nos maîtres, en nous ralliant à un gouvernement tutélaire et paternel, plus admirable, je crois, par ce qu'il n'a pas fait encore, que par ce qu'il a déjà fait pour nous ; secondons de tout le pouvoir de notre fidélité, de toute l'autorité de nos exemples, de toute la franchise de nos sentimens, les desseins généreux et les hautes pensées d'un Monarque, sur le front duquel brille la douce assurance de notre bonheur ; n'oublions jamais que l'amour du Roi est la seconde religion des Français, comme l'amour de la Religion est la première loi des Chrétiens.

Humilions-nous enfin sous les coups instructifs de la justice divine ; n'allons pas interroger le hasard sur ces étranges vicissitudes qui inquiéteraient la raison et déconcerteraient l'éloquence, si l'œil des adorateurs de la Providence ne lisait une main souveraine, écrite en traits ineffaçables, dans une révolution au-dessus de tous les calculs ; et si on exigeait de l'ordre dans un sujet où il n'y a que

des vertus à bénir, des larmes à répandre, des crimes à expier.
Voilà le plan de l'hommage que nous consacrons à la
mémoire de très-haut, très-puissant et très-excellent prince
Louis XVI, roi de France et de Navarre ; de très-haute,
très-puissante et très-excellente princesse, Marie-Antoinette,
archiduchesse d'Autriche, reine de France et de Navarre ;
de très-haut, très-puissant, très-excellent prince Louis XVII,
roi de France et de Navarre ; de très-haute, très-puissante
et très-excellente princesse Madame Elisabeth de France,
sœur de Louis XVIII le Désiré.

Prêtres de Jésus-Christ, guerriers, magistrats, citoyens
de tous les ordres, soutenez de votre attention et de votre
indulgence le faible interprète de notre commune tristesse.

PREMIÈRE PARTIE.

C'est un Prince, le modèle de toutes les vertus, qui avait
dirigé l'enfance et instruit la jeunesse du Monarque infortuné, éternel objet de nos regrets et de nos larmes. Louis
Dauphin ! A ce nom, que de blessures se rouvrent et que de
souvenirs se réveillent ! Louis Dauphin, dont cette pompe
funèbre renouvelle la perte douloureuse et la touchante
mémoire ; Louis Dauphin, sage plus jaloux de la paix de
son ame que du vain bruit des applaudissemens ; héros de
tous les momens, étudiant dans le silence l'art de régner, ne
cherchant que Dieu et n'aimant que la vérité ; ne demandant,
pour ses enfans, au Ciel, que ce qu'il demandait pour lui-
même, une conscience pure et un esprit droit ; cultivant
de ses mains diligentes la tige précieuse dont la France après

lui

lui devait cueillir les fruits, et qu'un grand orage a renversée. Louis Dauphin, est-ce donc aux funérailles de votre Fils que nous étions destinés à répéter vos louanges !

Voilà, Messieurs, l'école que la Providence avait ménagée à Louis XVI : il y apprit de bonne heure que le cœur d'un roi doit être un trésor inépuisable de clémence, qu'un roi porte le sceptre pour le tendre sur-tout aux faibles et aux petits ; que la véritable conquête d'un Roi c'est la paix, et sa véritable gloire, la bonté ; qu'il n'est élevé au-dessus des autres que pour apercevoir les malheureux de plus loin : il y apprit que si l'obéissance est le devoir des sujets, la justice est le devoir des princes ; que les rois sont auprès des peuples les images de la miséricorde de Dieu et les dépositaires de sa puissance ; qu'ils exercent une autorité qui est de Dieu, qui vient de Dieu, qui reste à Dieu ; et que, pour ne pas faire des rapports des nations à leurs chefs une chaîne sans commencement, son premier anneau doit être dans la main de celui qui, étant l'ordre par essence, ne peut vouloir que l'ordre sur la terre : il y apprit à estimer les avantages et à maintenir les droits de cette Religion, la santé des empires et le code infaillible des princes ; de cette Religion qui, si l'on observait ses oracles, ne ferait de tous les peuples qu'un seul peuple, comme il n'y a qu'un soleil qui nous éclaire et un seul Dieu qui nous aime ; de cette Religion qui prête son immortelle vigueur à toutes les institutions qu'elle enlace de ses racines multipliées et profondes ; sans laquelle il n'y a plus de frein capable de retenir les cupidités turbulentes : il y apprit enfin, pour me servir de la singulière expression d'un écrivain moderne auquel elle échappa

B

comme par mégarde , que *tout état est un vaisseau mystérieux qui a ses ancres dans le Ciel.*

O Religion sainte , l'unique asile des rois qui souffrent , votre triomphe est aujourd'hui dans nos larmes ! C'est vous qui inspirerez bientôt à Louis , et cette indulgence plus qu'humaine envers des sujets rebelles , et cette inaltérable résignation à des maux que nous frémissons encore d'envisager , et cet invincible courage qui ne l'abandonna pas un instant sur le seul espace de terre qu'on lui avait laissé de son beau royaume. O Religion sainte , le temps approche où il vous verra , pour lui rendre vos secours encore plus chers et plus touchans , descendre avec lui dans sa prison , partager ses fers , boire ses humiliations dans la même coupe , sous les traits d'une sœur infatigable dans sa tendresse : il vous verra mettre la force dans la faiblesse , et la consolation dans la grâce , le rafraîchir de reconnaissance et d'amour , oublier avec lui le passé , le présent , hélas ! et l'avenir dans les soins et les regards de deux augustes enfans , frêles rejetons d'un arbre naguère superbe , aujourd'hui courbé sous les vents ennemis , et qui se relèvera par un miracle : il vous verra , avec la majestueuse sublimité qui vous est propre , aussi grande sous les voûtes d'un cachot que sous le dais de la puissance , emprunter la noblesse d'une Reine magnanime , vous revêtir de sa douce fierté , parler son héroïque langage, et récompenser ainsi le plus inviolable attachement à vos lois et à vos dogmes !

Oui, j'ose le dire, Messieurs, le Ciel avait donné à Louis une ame *naturellement chrétienne.* A-t-il jamais montré sur le Trône une faiblesse dangereuse ou une passion blâmable !

Parmi les scandales dont l'impiété a désolé son règne, quel respect il conserva toujours pour les objets sacrés de notre croyance ! Et quand il assistait à nos solennités, quel exemple il donnait à la cour et à son peuple ! Comme, par l'éclat de ses hommages, il vengeait la Religion de la contagieuse injure de son siècle et du nôtre, l'indifférence, qui, sous prétexte de tranquilliser les consciences, ne tranquillise que les vices ! Lorsque cette épidémique indifférence glaçait jusqu'aux dernières classes de la société, la foi échauffait et éclairait Louis de ses lumières et de ses promesses : pareil à ces hautes montagnes qui, lorsque le soleil abandonne les humbles vallons, en retiennent sur leur cime les rayons pâlissans. Non, Messieurs, par la sincérité de sa foi comme par le privilége de sa couronne ; non, jamais il n'a cessé d'être le Fils aîné de l'Eglise. Dieu de Saint Louis, que la piété de nos Rois soit toujours le gage du bonheur de leurs sujets !

Elevé par la Religion et nourri de ses maximes, Louis connaissait le prix des hommes et le fragile honneur des victoires : persuadé que le mérite et l'intérêt d'un souverain consistent moins à braver les défiances qu'à les prévenir, il se montrait seul avec le poids naturel et l'ascendant irrésistible de sa probité ! Eh ! comment la probité ne deviendrait-elle pas enfin l'ambition de tous les princes ? Est-ce à l'ombre des trônes qu'on devrait trouver la fourberie réduite en art ? Et si cet art fatal est un opprobre lorsqu'il trompe les hommes, quel nom lui donnerons-nous lorsqu'il se joue de la fortune et du sang des peuples ? Le sang des peuples ! Français, si votre Monarque en avait été moins économe, le sien n'eût pas coulé sous des mains parricides. Mais telle était la sensibilité de son ame, qu'elle repoussait le plus léger désastre. Aucun malheur n'avait encore traversé les prospérités de son règne. Quelle disgrâce au-dehors avions-nous éprouvée ? Laquelle de nos villes avait été attaquée? Laquelle de nos campagnes avait été envahie ? A qui la France dut-elle cette longue paix dont elle jouissait au milieu des agitations du Nord et du Midi? Une fois, nos flottes royales portèrent le bienfait de la *liberté* à des républicains qui nous renvoyèrent le fléau de l'*indépendance*..... Mais remarquons, Messieurs, à l'honneur de Louis, que la reconnaissance du Nouveau-Monde érigea une statue à un Roi de vingt-quatre ans, que l'ingratitude de l'ancien devait bientôt conduire à l'échafaud ; remarquons aussi , à l'honneur de Marie-Antoinette , que sa voix alors toute-puissante franchit la vaste étendue des mers pour sauver une jeune et innocente victime (1) qui intéressait l'Angleterre , la France et l'Amérique.

Oh! Messieurs, qu'il y avait de bonté à cette cour, depuis si outrageusement calomniée! Comme on y aimait le peuple! L'humanité, ou, pour mieux dire , la charité avait un autel privilégié dans le cœur de Louis. Que de mystérieuses largesses! Le secret de ses aumônes, il ne le confiait pas même à sa sœur ; personne n'était admis dans l'intimité de ses miséricordes; le registre où il inscrivait le nom de ses pauvres n'était ouvert qu'à Dieu. Que d'infortunés auraient voulu savoir quelle était la main inconnue qui séchait leurs larmes,

---

(1) Le comte Asgill, sur le point d'être condamné par un conseil de guerre.

quel était l'ange invisible qui leur donnait du pain ! Qu'il était Roi, lorsque seul, sans gardes, sans appareil, obscurément vêtu, il montait dans les réduits de l'indigence, distribuait des secours à la veuve et à l'orphelin, rendait à la santé et à la vie des malades nécessiteux, et répondait à ses courtisans étonnés de son absence, qu'il avait été *en bonnes fortunes !* Quelle pénétrante naïveté dans ce mot d'un prince religieux ! Oui, c'est une bonne fortune pour un roi de recueillir les bénédictions du pauvre et les acclamations du Ciel ; c'est une bonne fortune pour un roi de lever par son exemple, en faveur de ceux qui souffrent, un impôt forcé sur l'idolâtrie opulente des grands ; c'est une bonne fortune pour un roi d'être le représentant de Dieu par sa charité comme par sa puissance. O le meilleur des rois, si toutes vos vertus ne m'étaient pas également chères, la douleur m'arracherait presque le vœu coupable d'en moins trouver en vous ! Oui, si vous aviez été plus jaloux de faire craindre votre pouvoir, que de faire chérir votre bonté, vous eussiez épargné aux méchans bien des crimes, à votre famille bien des larmes, et à l'Europe bien des calamités. Mais serait-ce à nous, prêtres de Jésus-Christ, à censurer un excès si précieux à l'humanité ? *O France !* s'écriait un orateur célèbre aux obsèques de son aïeul, *ô France ! puisses-tu n'avoir jamais d'autre excès à redouter de la part de tes maîtres !*

Trompeuse sécurité des belles ames ! Louis se croyait aussi fort de son amour du bien public que de l'amour de ses sujets. Hélas ! on l'attaquera avec sa bonté et sa droiture. Un père au milieu de ses enfans, voilà l'image sous laquelle il aimait à se peindre lui-même. Délicieuse et séduisante image,

dont le charme l'abusait ! ô déplorable condition des rois
d'avoir à se défier même de leur tendresse ! Par tendresse
comme par devoir, il fut juste, sourd à la flatterie, accessible
à toutes les idées favorables au bonheur du peuple. Le peuple
sollicite la modification d'un impôt qui pèse sur les campagnes, il le modifie ; le peuple demande l'abolition de la
servitude, il l'abolit dans ses domaines ; le peuple souhaite
des réformes dans la jurisprudence pénale, il proscrit la
torture et adoucit le régime des prisons. Des criminels im-
ploraient la mort pour abréger le supplice de leur détention :
la tendresse du Roi, descendue jusque sur la paille des
criminels, change leur désespoir en actions de grâces.

Ajouterai-je, ~~Messieurs~~, que pour être plus digne de com-
mander, il avait orné son esprit de toutes les connaissances
solides ? Vous le montrerai-je discutant les Commentaires
de Blackstone, avec la sagacité d'un habile publiciste ;
traduisant, avec une élégante pureté, les auteurs classiques ;
rédigeant, en géographe consommé, le voyage de La
Peyrouse qu'il ne devait plus revoir ; charmant un ministre
anglais de sa merveilleuse facilité à parler une langue à
laquelle on le croyait étranger ; écrivant cette lettre pleine
d'onction et d'éloquence paternelle sur l'éducation de son
fils ; éclairant quelquefois son conseil de la soudaine lumière
de ses avis, et toujours embellissant le savoir de la plus
rare modestie ?

Louis pourrait-il donc avoir des ennemis, lui qui n'a
que des goûts vertueux et utiles ? Ah ! Messieurs, l'occasion
est si opportune d'humilier un Roi ! O jour à jamais mémo-
rable que Louis regardait comme le plus heureux de son

règne, et qui en fut le dernier, qui promettait de si riches espérances, et ne dévoila qu'une vaste conjuration ! Hélas ! il existait et grandissait au milieu de nous une secte de novateurs qui avaient fait de l'art d'écrire l'art de tous les paradoxes ; habiles à donner les couleurs de la vérité aux erreurs les plus funestes ; proclamant, sans pudeur et sans retenue, les assertions dégradantes du matérialisme ; minant à petit bruit les fondemens du trône et les colonnes du sanctuaire ; criant à l'intolérance, et les plus intolérans des sophistes ; au fanatisme, et les plus fanatiques des réformateurs ; au despotisme, et tyrannisant jusqu'aux consciences ; qui avec la morale de l'impiété ont aveuglé le peuple, avec la morale de la licence ont armé ses bras, avec la morale de l'égalité ont rompu tous ses freins, avec la morale de la souveraineté l'ont rendu séditieux, avec la morale des droits de l'homme l'ont rendu esclave. Désolante sagesse, que répondre à l'expérience qui te confond, à nos malheurs qui t'accusent, et aux arrêts de l'équitable postérité qui s'avance pour te flétrir ?

Oui, Messieurs, que la postérité ne voie pas sans surprise ni sans respect un jeune Prince, constamment ami de l'ordre et de la vérité, provoquer lui-même l'expression libre des vœux d'une grande nation, et la rassembler autour de son trône pour concerter avec le Monarque et poser ensemble les bases de la félicité publique : verra-t-elle sans indignation et sans effroi ses intentions méconnues et ses espérances évanouies ? Verra-t-elle, sans jeter un long cri de douleur, des générations entières payer de leur sang et de leurs larmes les témérités factieuses de quelques prétendus sages, faussant la raison par le raisonnement, adoptant une opinion parce qu'elle est éblouissante, donnant à la France une charte sans modèle, travail incohérent d'une assemblée usurpatrice qui cumule tous les pouvoirs, et, pour nous sauver de la tyrannie, invente tous les genres de tyrannie, dote le Roi d'une inviolabilité dérisoire qui n'est à l'abri ni d'une émeute, ni d'un jugement illégal, ni d'une suspension arbitraire ? Aussi, malgré les vertus de son chef, qu'est devenue la France ? Les propriétés envahies, le brigandage universel et impuni, nos concitoyens et nos trésors dispersés ; des signaux alarmans de détresse s'élevant à-la-fois de toutes nos provinces ; les rapports qui liaient le puissant au faible, le riche au pauvre, anéantis ; des remèdes violens et extrêmes envenimant les plaies de l'état ; une colère qui remplit d'horreur quand elle est jointe à une autorité qui ose tout ; la justice muette ; la haine, fatiguée de la multitude de ses victimes, invoquant au loin de nouveaux oppresseurs ; la révolte contre la Religion déployant son étendart ; le sacerdoce placé entre l'apostasie et le besoin ; les pontifes consacrés à la misère ou signalés à la fureur ; nos temples condamnés à la solitude des déserts ; le descendant de soixante Rois.... Je m'arrête, Messieurs, je vois le Génie de la France déchirant de nos annales ces pages accusatrices qu'il faudrait dérober à nos descendans.

Tels sont, Messieurs, n'en doutons pas, les infaillibles effets de l'impiété systématique du dernier siècle. Examinez, d'une part, l'irréligion qui écrit, et de l'autre, l'irréligion qui opère ; examinez d'abord les maîtres et ensuite les disciples : voilà ce que les premiers ont préparé, et voici

ce

ce que les seconds ont produit; voilà ce que les spéculatifs ont enseigné, et voici ce que les actifs ont réalisé ; voilà ce que les rêveurs ont inventé, et voici ce que les exécuteurs ont consommé. Peuple Français ! l'avide cupidité des disciples et leur insinuante souplesse les ont fait tes courtisans et tes flatteurs. Ils t'ont répété qu'ils t'aimaient, pour que tu les nommasses aux dignités et aux emplois : uniquement occupés d'eux-mêmes, ils ne parlaient que de toi. L'insurrection était leur vengeance, et ils la nommaient ta justice. Ils ont calomnié ce Roi que tu chérissais ; ils l'ont appelé tyran : tu savais bien qu'il ne l'était pas. Comment aurait-il changé sitôt ? Te rappelles-tu cette vénération mêlée de confiance et d'amour qu'il t'inspirait ? Comme ses regards se reposaient avec bonté sur son peuple ! On l'a trompé quelquefois, comme tu l'es maintenant tous les jours ; mais il avait résolu de ne plus l'être : tout ce qu'il désirait était d'unir son bonheur au tien, et ta liberté à sa puissance. Tu as voulu une *constitution*; il te l'avait donnée. De qui exigeait-elle plus de sacrifices que de ton Roi ? Il n'en a refusé aucun. Une funeste épreuve lui en avait démontré les vices ; il n'en était pas l'auteur : il espérait qu'ils disparaîtraient par la réflexion, par l'expérience, et d'un commun accord entre toi et lui. Cette manière de vivre ensemble, le Peuple et le Roi, ta bonne foi, ton bon sens te disaient qu'elle était la plus sage. Permettras-tu le triomphe du crime ? Non, sauve ton Roi, sauve ta vertu et ta renommée ; c'est par elles que vivent les nations, et les taches à leur honneur sont les présages de leur ruine. Dans la conscience de toutes les autres nations, tu retrouverais le sentiment profond des qualités

C

de ton Roi , et le souvenir de sa vie : seras-tu le complice de ses lâches persécuteurs ?

Hélas ! la haine, l'impiété et l'ingratitude vont ouvrir cette longue carrière d'humiliations et de souffrances dont le martyre sera le terme , et où il n'y a que des larmes à répandre.

SECONDE PARTIE.

Quelle voix suffirait à déplorer les infortunes de Louis et de sa famille ? Quelles lamentations égaleraient leurs douleurs ? La pitié a-t-elle assez de larmes pour effacer tant d'outrages ? Le faîte des honneurs et un abîme d'amertumes; le souvenir des plus hautes destinées et la chute la plus éclatante ; le retentissement des âges qui proclame la gloire de leurs aïeux , et les cris de l'audace séditieuse ou du crime triomphant : ô retours soudains ! ô changemens imprévus ! Est-ce que la Gaule n'était plus habitée que par des tigres ? est-ce que la nation la plus célèbre par sa douceur était devenue tout-à-coup inexorable dans une révolution qui la berçait d'illusions flatteuses , en lui promettant tous les genres de félicité ? La barbarie calculante avait-elle épié le règne du plus débonnaire des Princes, pour l'immoler à ses caprices ? Quelle cruelle démence osait déclarer coupable le plus irréprochable des rois ? Louis XVI coupable ! C'est vous qui l'êtes, pour avoir foulé aux pieds le caractère sacré que lui imprimait la nature de ses droits ! C'est vous qui l'êtes, pour avoir réuni en vos personnes les fonctions inconciliables d'accusateurs et de juges ! C'est vous qui l'êtes , pour avoir

rejeté dans votre procédure inouie toutes les formes pro-
tectrices de l'innocence ! C'est vous qui l'êtes, pour avoir
demandé compte à votre Roi et à votre bienfaiteur de ses
actions, de ses pensées, de ses vertus ! Egoïstes insatiables,
qui ne pensaient qu'à eux, lorsque nous nous occupions d'un
Père ; hypocrites infâmes, qui embrassaient les races futures
de leur *sainte* humanité, lorsque nous songions à la gloire
du nom Français ! conjurés sans génie, le burin vengeur de
l'histoire a gravé vos noms sur ses tables d'airain ; un concert
de malédictions les poursuivra d'âge en âge.

Depuis long-temps, Messieurs, ils faisaient l'apprentissage
du crime qui devait acquitter tous les autres ; ils préludaient
en détail au plus noir des forfaits. L'Epouse de Louis était
la complice de ses bienfaits ; elle avait partagé les jours
brillans de son Epoux, elle était destinée à partager ses
revers et ses malheurs. O nuit désastreuse ! où une troupe
effrénée, ivre de fureur et de débauche, viole la demeure
de nos Rois, au bruit des plus sanguinaires imprécations ;
où la Fille des Césars n'échappe au fer dirigé à son cœur,
qu'en se réfugiant dans les bras du Fils de Henri IV ; où
ils tombent sur les marches du trône, les gardes fidèles qui
veillaient sur la Mère du Dauphin, et lui faisaient de leurs
corps un rempart impénétrable ; où elle voit leurs têtes coupées
et portées en triomphe ; où elle donne des larmes à leur
trépas et une leçon à ses ennemis : *J'ai tout vu, j'ai tout
entendu, et j'ai tout oublié.* O Varenne ! à quelle gloire tu as
renoncé ! Le Roi et sa Famille croyaient trouver des sujets
et des enfans aux extrémités de leur royaume ; ils n'y trouvent
que des rebelles et des ingrats. Hélas ! la chaîne de Louis

s'étendait jusqu'aux limites de la France, lorsqu'il ne s'exilait un instant de sa capitale que pour affermir une puissance si nécessaire à notre bonheur. O inexplicable légèreté des peuples! il y a peu d'années, il était entré à Cherbourg au milieu des acclamations publiques ; les airs retentissaient des hymnes de l'alégresse ; l'amour jetait des palmes et des fleurs sur son passage ; tous les cœurs et tous les yeux étaient pleins de joie ; on baisait ses vêtemens et la trace de ses pas ; le laboureur, dans son maître, ne voyait que son protecteur, l'abordant sans peine et l'interrogeant sans crainte. Est-ce donc bien, Messieurs, la même nation et le même Roi ? *Qu'est devenu*, disait-il, *le peuple de Cherbourg ? Je ne suis pas changé, moi ; on l'aurait bien vu, si je fusse arrivé à Montmédi.* Louis était si frappé de cet étrange contraste, que pour la première fois il chercha des ressemblances chez une nation rivale. C'est l'histoire de Charles I.er qu'il médite ; il afflige de ses pressentimens les rares amis qui survivent à sa mauvaise fortune : plus clairvoyant qu'eux, doué, dans un degré supérieur, de cette qualité qu'on croit vulgaire, de cette qualité non moins utile au gouvernement des Etats qu'à la conduite de la vie, le bon sens, dont l'orgueil a trop long-temps rejeté les anciennes règles ; il calculait la marche rapide du crime ; il savait qu'attenter à la liberté de son Roi, mène nécessairement à attenter à sa vie, et que peu de sujets, comme David, se bornent à dérober à Saül la frange de son manteau.

Et ce 20 juin, qui révéla Louis à l'admiration du monde, et à la honte de ses ennemis ; où le Roi, si avare de notre sang, se montra si prodigue du sien ; où Marie-Antoinette fut si sublime dans ses inquiétudes ; où la tendre Elisabeth surpassa en force et en courage , ce qu'on raconte des héroïnes les plus vantées ; où avertie de s'éloigner, parce qu'elle est prise pour la Reine : *Gardez-vous de les détromper : ne vaut-il pas mieux qu'ils versent mon sang que celui de ma sœur ?* Et ce 10 août ! Minuit a sonné, et de toutes parts retentit le signal de l'attaque ; du repaire des conspirateurs arrivent d'heure en heure les bruits les plus sinistres. Tous les esprits sont agités : et il n'en est point que nos maîtres n'étonnent par leur courage, et à qui ils ne deviennent plus chers par leur bonté. On savait la cage de fer où on devait enfermer la Reine. La colonne des factieux s'ébranle, les cris redoublent , le tumulte s'accroît. Un nombreux cortége de défenseurs se presse aux côtés du Roi, et serrant leurs bras, forment une chaîne autour de lui : ils jurent sur leurs armes ; le Roi est attendri. La perfidie lui arrache un nouveau sacrifice ; il regarde ses enfans , et l'endure. Dans le trajet, le dernier des attentats était à redouter ; il en vit deux fois le geste, et à chaque pas la menace. On verse sur lui et sur sa famille le blasphème et l'insulte ; la confidente de la Reine, la compagne de ses malheurs, son amie inséparable , la généreuse Lamballe, est presque écrasée sous les pieds de la multitude toujours croissante : que n'expira-t-elle alors ! Le Roi paraît, sous quelle sauve-garde, ô ciel ! et quel sort ils lui préparent ! Ah ! il n'y a plus d'espérance ni pour sa vie , ni pour sa famille , ni pour l'honneur de notre France , autrefois si aimante et si pure. Du réduit obscur et étroit, où une commisération dérisoire garde sa victime, où une Reine désolée ne peut s'expliquer à elle-même l'ingratitude du peuple; où une princesse, qui mérite tant d'amour, n'aperçoit autour d'elle que des Français indignes de leur nom ; où des enfans, accoutumés à la voix de la piété et de la tendresse, s'effrayent du tumulte des passions et des armes, Louis entend son diadême qu'on brise en pièces, son trône qui tombe en éclats, son palais qu'on réduit en poudre, et cet antique héritage, que quatorze cents ans de substitution semblaient lui avoir garanti, mis à l'encan par le brigandage en délire: il est accusé, et dans les fers d'un jugement que l'Univers jugera... Voilà ton ouvrage, ô calomnie! qui flétris de tes noirs poisons les vertus, les bienfaits et la gloire, ton inévitable proie : voilà ton ouvrage, ô envie! que tout ce qui est bon importune, que tout ce qui est pur fatigue, que tout ce qui est chéri afflige, qui sâlirais jusqu'aux couronnes, si tu pouvais atteindre à leur hauteur !

Ici, Messieurs, que de larmes ont interrompu mes veilles! Aujourd'hui, Seigneur, ne permettez pas que la douleur affaiblisse le zèle de votre ministre; donnez-moi la force de contempler, avec les Français qui m'écoutent, un Monarque visiblement prédestiné d'en-haut pour épuiser le vase amer des opprobres et des souffrances, et vaincre toute la fureur des passions humaines par l'intrépidité de son courage et l'héroïsme de sa foi. O Bossuet! quelle religieuse et instructive majesté tu n'eusses pas répandu sur ce tableau ! Peut-être que ton discours aurait été le chef-d'œuvre de l'éloquence et le miracle du génie. Entrons dans ce véritable *Temple* de la résignation et de la piété, où sont entassés et le frère et la sœur, et le fils et la mère,

et le Roi et l'héritier de son sceptre. C'est un enfant, pur
comme les esprits bienheureux qui l'environnent, offrant à
Dieu pour son père et pour sa mère les prémices de son
innocence, étonnant de la persévérance de son amour et
du langage de ses charmes les cruels gardiens qui devraient
tomber à ses pieds : c'est une vierge née sous la pourpre
et réservée au bonheur d'une autre nation ; rejetée par la
sienne qui méconnaît ses vertus et ses grâces : c'est une sainte,
en prison comme à la cour, ne regrettant rien de sa grandeur
éclipsée. Ne partage-t-elle pas les chagrins de son frère, de
son ami, de son Roi ? C'est une Reine que rien ne peut
humilier ni abattre, dont on a résolu la perte, mais qu'on ne
saurait avilir ; s'abaissant ou plutôt s'élevant aux plus humbles
travaux, raccommodant elle-même ses vêtemens déchirés ; mais
gardant encore la noblesse de son air et la dignité de sa race :
c'est un Roi qui n'a plus de distraction que dans les exercices
de la Religion et les entretiens de la tendresse, qui enseigne
à son fils l'histoire d'un royaume sur lequel il ne régnera
qu'un jour, et les louanges de celui dont le règne ne finira
point ; qui sourit à ses progrès et se mêle à ses jeux,
couvrant de ses regards paternels cette fleur solitaire qui
croît au milieu des ruines ; s'attendrissant d'un signe de
fidélité, et ne s'irritant jamais des excès de la plus mons-
trueuse dépravation ; observant, avec l'exactitude d'un
cénobite, les lois du jeûne et de l'abstinence ; partageant
quelquefois son morceau de pain avec le serviteur unique
qui lui reste ; quelquefois s'endormant, du sommeil du
juste, au milieu de sa famille qui révère, dans sa douleur

muette, ces traits augustes dont le malheur accroît encore
la sérénité.

Enfin, c'est une famille, l'aînée de toutes les royales
familles, naguère l'orgueil et l'idole de la France, dont la
magnificence et la gloire effaçaient toutes les gloires et
toutes les magnificences, qui maintenant est livrée aux
dérisions les plus abjectes et aux plus ingénieuses privations,
torturée par les raffinemens de l'inquisition la plus minu-
tieuse et de la persécution la plus savante, condamnée à
entendre jusqu'aux vanteries de la scélératesse, qui célèbre
jusqu'aux massacres de septembre! Mais aussi elle vit couler
quelques larmes, elle entendit quelques soupirs : les yeux
de la fidélité avaient pour elle un accent qui ne trompait
jamais. Les geoliers du Temple n'étaient pas tous barbares!
ils sollicitaient en témoignage, et obtenaient de légers
présens de la bonté d'un Roi qui n'avait plus rien à donner :
ces rares et furtives entrevues faisaient du bien à l'ame des
augustes captifs qui en pleuraient de joie. Mais quelles
clameurs viennent troubler ces périlleuses rencontres où
l'admiration et la sensibilité se voyaient en se cachant, et
se répondaient par le silence! Louis écoute l'horrible cer-
titude de sa mort : oui, Messieurs, celui qui ne relève
que de Dieu, va être cité au tribunal des hommes, et
quels hommes !

Mais il en appelle d'abord au tribunal de Dieu et de
sa conscience, dans cet immortel Testament où la Religion
lui apprend à nommer les grandeurs du monde *des biens
dangereux et périssables ;* où, tournant ses regards vers la
seule gloire durable et solide, elle lui enseigne la fragilité

des

des choses d'ici-bas ; où, l'initiant à ses mystères, et soulevant un coin du voile impénétrable dont la vérité s'enveloppe, sur-tout aux yeux des Princes, elle lui montre la royauté sous son formidable aspect : *Je recommande à mon fils, s'il avait le malheur d'être Roi.* Quelle sainte philosophie, Messieurs ! Louis commandait à un peuple idolâtre de ses maîtres, et l'anarchie commande à ce peuple : il n'avait à redouter que les écueils de son rang, et il n'a plus que la solitude de ses pensées ; il était le plus puissant Roi de la terre, et il est devenu le plus malheureux de tous ses sujets : et pourtant, lorsqu'il médite sur ce qu'il souffre, il en attribue la cause, non à la malice de ses persécuteurs, mais *aux passions des hommes :* il ne voit, dans les emportemens de l'ingratitude, que des titres à la clémence. *Je prie mon fils, s'il en a l'occasion, de ne songer qu'à leurs malheurs.* Il publie hautement *le repentir qu'il a d'avoir mis son nom, quoique cela fût contre sa volonté, à des actes qui pouvaient être contraires à la discipline et à la croyance de l'Eglise catholique, à laquelle il est toujours resté sincèrement uni de cœur.* Il oublie les conjonctures difficiles où il se trouvait ; il n'allègue point la protection constante qu'il accordait aux ministres fidèles ; il ne dit point qu'il a toujours fermé à l'erreur l'accès de son palais. Noble et sublime rétractation qui confirme le plus beau de ses titres ! Monument sacré de piété et d'innocence, qui devrait forcer ses ennemis à la honte et au repentir !

Aussi, Messieurs, content du témoignage qu'il s'est rendu à lui-même et que le Ciel a ratifié, lorsqu'ils lui reprochent le plus grand des délits ; lorsqu'ils l'obligent à s'en absoudre

D

devant la France et devant l'Europe; lorsqu'il pèse sur sa tête cet amas d'impostures qui, sans contradicteurs et sans obstacles, ont inondé jusqu'à la cabane; lorsqu'il est chargé, en quelque sorte, aux yeux de la nation séduite, de tout le mal qu'il voulait empêcher; lorsque la postérité doit recueillir un jour toutes les pièces de cette discussion qui s'est élevée entre une nation et un Roi : Louis XVI quitte sa prison sans trouble pour y rentrer sans effroi; il traverse les flots d'une multitude aveugle qui abjure son Roi, comme lorsqu'elle se pressait sur son passage, *affamée* de le voir; il supporte le tourment d'un long interrogatoire, où l'impiété et la bassesse se jouent de la sainteté et de la justice; il satisfait sans mépris à des questions absurdes, comme il répond sans colère à des allégations atroces; il est toujours leur Roi, tant il l'est de lui-même !

Oui, Messieurs, je le répète, il rentre dans sa prison sans effroi; mais les derniers liens qui l'attachaient au monde sont rompus. Il ne confondra plus ses larmes et ses prières avec les larmes et les prières de ce qu'il a de plus cher. Il se familiarise avec la pensée de la mort, il en hâte le moment par ses vœux : *Pourquoi*, disait-il, *m'envier le dernier asile où je goûterai le repos?.... Cependant, le jour de la naissance de ma fille être privé de la voir ! Être privé de voir sa famille à une époque où toutes les autres se réunissent et s'embrassent ! quel jour de nouvelle année ! quel funeste héritage je vais laisser à mes enfans ! Et ces loyaux amis qui ne m'ont point abandonné, qui va les secourir ! Comment reconnaître les obligations que j'ai aux courageux défenseurs qui m'ont donné leur temps, leur travail et peut-être leur vie !*

Quel Roi, Messieurs, quel Chrétien ! quel Français ! Enfin, on achète une majorité douteuse, et le crime audacieux l'emporte de quelques voix sur le crime timide.... Louis s'abandonne à la perspective de la consolante immortalité, et se réfugie dans la foi et dans l'espérance : du fond de sa triste demeure, il s'avance, à la clarté des idées divines, jusqu'aux jours sans nuages des années éternelles ; il lit son repos dans les ténèbres de l'avenir, comme si elles s'éclaircissaient à sa vue, aux approches de la clémence rémunératrice dans le sein de laquelle il entrera bientôt. Que pensez-vous, Messieurs, que soit celui qui fait ainsi mourir les Rois de la terre ?

Postérité française, le croiras-tu ? ceux qui étaient ses sujets lui refusent trois jours pour se disposer au grand jour qui va commencer les jours de la colère divine : il obtient à peine la grâce de revoir sa famille : son ame avertie que tout va finir, se partage entre les devoirs de la piété et les épanchemens de la nature. Mais annoncer à son épouse, à sa sœur, à ses enfans qu'il va mourir !... Les voilà réunis ! quel silence ! quels sanglots ! quels entretiens ! O sanctuaire de la royauté, ou plutôt de la divinité elle-même, qui n'avait jamais offert à la terre un si grand spectacle, ni aux infortunés de si grands modèles ! Ne fallait-il pas que Louis eût le Ciel dans son cœur, pour écouter la lecture de son arrêt comme une lecture indifférente, pour faire des excuses à un misérable, dont l'insolence brutale lui avait surpris une parole de blâme, pour soutenir la vue de son épouse et de sa sœur agonisantes, de sa fille immobile à ses pieds qu'elle tient embrassés, de son Dauphin... qui le rejoindra bientôt, par un forfait nouveau que le soleil s'indignera d'éclairer ? Ne fallait-il pas que Louis eût le Ciel dans son cœur, pour le fortifier dans son dernier regard, dans son dernier souhait, dans son dernier adieu, pour supporter les applaudissemens de la rage satisfaite, lorsque les plus grands criminels obtiennent quelqu'intérêt de la pitié ? Ne fallait-il pas que Louis eût le Ciel dans son cœur, lorsqu'il pardonne à ses ennemis ?

Partons, dit-il.... Il n'est plus à la terre, ni à la France que par ses vœux pour notre bonheur. Oui, en ce moment, le Français qui aimait mieux la France était son Roi précipité du trône sur un échafaud. Arrivé au lieu du sacrifice, il n'a peur que de ce qu'il coûtera à son peuple. Quoi ! ces mains qui portaient le sceptre, et n'avaient jamais répandu que des bienfaits..... Fils de St. Louis, montez au Ciel, dit la Religion debout à ses côtés, qui l'encourage, l'absout, et près du bourreau qui frappe, lui montre un Dieu qui récompense et qui couronne pour toujours..... Les tyrans dérobaient à la vénération des Chrétiens les saintes dépouilles des Martyrs qui reposent maintenant sur nos autels.... Oh ! que de crimes à expier !

TROISIÈME PARTIE.

Vous le savez, ô mon Dieu ! non, ce n'est pas nous qui avons répandu le sang de l'innocence ; *manus nostræ non effuderunt sanguinem hunc.* Non, ce ne sont pas les prêtres fidèles qui gémissaient entre le vestibule et l'autel, pour désarmer votre justice ; *manus nostræ non effuderunt sanguinem hunc ;* mais ces apôtres d'impiété qui avaient l'athéisme pour foi, le brigandage pour espérance, et l'assassinat pour charité. Non, ce ne sont pas les prédicateurs d'une morale qui assied le trône des Rois sur la conscience des peuples, qui ont versé le sang de l'innocence : *Manus nostræ non effuderunt sanguinem hunc;* mais ces perturbateurs de la société, qui *semaient le vent, et n'ont recueilli que la tempête;* montant au pouvoir absolu par un sentier où il n'a pas tenu à eux que le dernier Français chrétien ne se soit trouvé en présence du dernier bourreau; dressant la multitude à l'art des crimes; formant, si j'ose ainsi parler, ce char aux roues sanglantes, ce char qui a écrasé la tête des Rois, de leurs feuillets imbibés du venin de l'anarchie. Non, ce ne sont point les écrivains religieux qui, ambitionnant la seule et véritable gloire des lettres, n'imaginèrent jamais que la piété est incompatible avec le savoir, qui ont versé le sang de l'innocence : *Manus nostræ non effuderunt sanguinem hunc;* mais ces écrivains sacriléges, fléaux des villes et des campagnes, artisans d'iniquités et de discordes, conseillers de tous les excès. Non, ce ne sont point ces Magistrats intègres, dont la probité est la sauvegarde de la faiblesse; ni ces chefs de famille laborieux et honnêtes, dont la scrupuleuse délicatesse recommande le nom à la confiance; ni ces artisans, tranquilles observateurs des lois divines et humaines, qui ont versé le sang de l'innocence : *Manus nostræ non effuderunt sanguinem hunc;* mais ces blasphémateurs qui ne voulaient point de Roi, parce qu'ils ne voulaient point de Dieu; ces déclamateurs qui attaquaient à-la-fois, de toute la perversité de leurs axiomes, et le trône du Ciel et les trônes de la terre; ces corrupteurs de la jeunesse qu'ils initiaient à leurs perfides doctrines, pour attirer ensuite sur les empires les plus effrayantes calamités.

Seigneur, est-ce que votre balance n'a qu'un même poids pour l'innocent et pour le coupable ? Votre œil, qui ne dort jamais, ne distingue-t-il pas le juste et le méchant ? Est-ce que vous n'êtes pas assez puissant et assez équitable pour frapper l'un et épargner l'autre ?.... Nation pusillanime, la lâcheté à mes yeux est aussi un crime : plus les oppresseurs sont vils, plus les esclaves sont infames. Tu as vu, sans saisir le bouclier de la fidélité et le glaive du courage ; tu as vu tes Princes en deuil, le Trône nager dans le sang et dans les larmes, tes grands mendier leur pain ! Tu as vu pleurer des yeux qui ne devaient jamais pleurer ! En as-tu moins rempli tes salles d'intempérance, tes théâtres de scandale, tes maisons d'impudicité ? Au milieu de cet océan d'amertumes et d'abominations qui couvrait la France, as-tu fait retentir une seule voix menaçante et terrible ? Tu as laissé mettre à mort ton Souverain : et quel Souverain ! Je te l'avais donné dans ma clémence, il était le père de ses sujets. Sa compagne : et quelle compagne ! C'était la bienfaisance couronnée. Sa sœur : et quelle sœur ! C'était la charité en exemple et en action. Ses enfans : et quels enfans ! C'était ta plus douce espérance, et le gage précieux de ton bonheur futur. Son Dauphin : jeune lis enlevé d'une terre sauvage, il refleurit sous mes pavillons. Je vais signaler ma justice ; le sang de tes Rois crie vengeance : je l'apaiserai. La guerre avec tous ses fléaux fondra sur toi comme un orage ; je te punirai dans tes affections, dans tes biens, dans ton culte ; tu adoreras le mensonge ; je te ravirai un Prince aimable, brave, généreux ; et quand ma colère sera assouvie, moi qui excite ou calme les tempêtes, qui tue ou ressuscite, qui ouvre l'abîme ou le ferme, je raccourcirai mon bras, et tu publieras que je suis le Dieu des miséricordes comme des justices.

Vous rappelez-vous, Messieurs, ces longues scènes d'épouvante et d'horreur, où le bon sens n'était que la fièvre de tout oser et de tout dire, et la liberté, que l'émancipation de la licence ; où la folie armée recevait l'encens de la peur ; où la nature était outragée dans l'homme, même après qu'il n'était plus ; où l'on n'entendait que la chaîne de l'esclavage et le salaire de la délation ; où un homme avait tendu sur une nation un filet d'airain qui devait être son drap mortuaire ? Vous rappelez-vous, Messieurs, ces jours de désolation et d'opprobre, où tous les devoirs étaient diffamés, tous les vices consacrés, tous les forfaits divinisés ; où on exilait Dieu des temples de la Religion et des écoles de l'enfance ; où on convertissait en tocsins de la mort les signaux de la paix ; où dans de barbares anniversaires on prodiguait l'insulte au malheur, le mépris à des ruines, et la calomnie à des tombeaux ; où l'on vit ce que l'on n'avait jamais vu, et ce que la dernière postérité contemplera d'un œil de stupéfaction, la prostitution à la place des Chérubins, et s'étonnant elle-même de l'empire très-chrétien à ses genoux ? Eh bien, Messieurs, une nation pouvait-elle descendre aussi bas, si à des crimes jusqu'alors inouis, il n'avait pas fallu une expiation inouie comme ses crimes ?

Vous rappelez-vous ces débris de cités et de royaumes, et ces lambeaux sanglans de peuples mutilés par le fer , et ces chutes soudaines d'empires qui se croyaient immortels, et ces tempêtes politiques qui font pâlir les Rois, et ces inévitables coups qui atteignent jusqu'aux plus lointains rivages ? Voyez-vous l'Asie , et l'Amérique, et l'Afrique, et l'Europe conspirer au même but ?... Et les régicides domptent l'Univers ! Ils brisent les diadêmes des princes , parce que les princes ont laissé briser le plus ancien et le plus beau des diadêmes ; les trônes s'écroulent sous leurs mains , parce que les autres rois s'étaient réjouis peut-être de l'écroulement du premier trône du monde ; les larmes coulent à leur approche , parce que des ruisseaux de larmes, qu'aucun roi n'a essuyées , ont coulé des yeux d'un Monarque qui n'en avait jamais fait répandre à personne ; toutes les familles étrangères ont tremblé dans leurs foyers , parce qu'on a été trompeur, avare, injuste, moqueur envers la famille du Chef de la grande famille des Français ; leur jeunesse a aussi été fauchée comme l'herbe des champs ; et les sacrifices humains de la conscription ont payé leur froide indifférence au sacrifice de l'oint du Seigneur. Avec quelle force tout cela nous crie qu'il est un Souverain, maître absolu des autres Souverains, qui suscite les révolutions pour l'instruction et l'effroi des rois et des peuples !

Comme à une autre époque non moins désastreuse, qu'il fasse le mensonge roi du vieux empire des Francs ; que la guerre soit son ministre ; qu'il ait pour conseillers la ruse, l'exagération et la jactance ; que d'audacieuses forfanteries soient ses trompettes ordinaires ; qu'il bannisse la franchise

des

des ancêtres comme une duperie gothique, l'autorité des
exemples comme une chimère, le regret du passé comme
la satire du présent ; que ses promesses soient des trahisons,
ses négociations des embûches, ses alliances des ajourne-
mens, et sa conduite, la perfection de la déloyauté ; qu'il
déshonore la victoire par la corruption réfléchie de la foi
publique ; que, joignant la perfidie à l'ingratitude, sa couronne d'un jour entreprenne d'obscurcir une tiare de dix-
huit siècles ; qu'il extorque des louanges à la bassesse,
et qu'il se croie un dieu lorsqu'il n'est pas même un homme ;
qu'il couvre le monde de funérailles, et qu'il raille les cadavres
tombés pour lui aux champs de son ambition ; qu'il dédaigne
comme les moyens des petites ames les charmes de l'affa-
bilité, le don de plaire, l'art délicat des ménagemens ; que
son manteau, tissu de fourberies, soit teint du sang des
héros, et mouillé des larmes des habitans du *plus beau royaume
après celui du Ciel :* ce mauvais roi, Messieurs, n'est-il pas
envoyé pour être l'instrument de la colère divine ?

Le sang des héros ! N'est-elle pas encore le plus sévère
des châtimens et la plus terrible des leçons, la mort de ce
jeune Prince, l'héritier de tant de générations de héros,
l'espoir de nos armes, et l'amour de sa famille, dont le
bouillant courage et l'intelligence précoce semblaient faire
revivre le Héros immortel de Rocroi, qui cueillait déjà les
palmes de la gloire, à un âge où il n'y a souvent de carrière
ouverte qu'à la dissipation et à la frivolité ; digne Fils d'un
Père dont il était la joie, l'ouvrage et la récompense, croissant
sous les regards attendris d'un aïeul qu'il rajeunissait de sa
noble ressemblance avec lui. Hélas ! il tombe au printemps

E

de ses années.... Sa jeune et belle ame ne soupçonnait pas une action si noire, un crime si inutile, une jalousie si barbare dans un capitaine dont il enviait peut-être la renommée, et dont sa belliqueuse émulation admirait les trop célèbres exploits! Il tombe, au milieu des ténèbres de la nuit, sous les outrages et les coups de vils satellites qui ont reçu d'avance le prix de leur forfait.... dans l'indignation de tout ce qu'il y aura jamais de vertu, d'honneur et de sensibilité sur la terre; il tombe dans le voisinage du bois sacré où le pauvre laboureur trouvait justice aux pieds de St. Louis. L'humanité n'a point de voix pour le défendre; la Religion, point de secours pour le consoler; l'amitié, point de larmes pour le plaindre. Tout est silence ou remords autour de lui; loin de lui, tout est consternation et désespoir. On eût dit que dans le sang du duc d'Enghien germaient les épouvantables calamités qui ont foulé le monde, et par lesquelles le vengeur des rois voulait épuiser toute sa colère sur la France, pour opérer ensuite le miracle de son repos et de son bonheur.

Qu'ils sont augustes, Messieurs, les débris de la royauté abattue, lorsque les larmes d'un peuple malheureux les arrosent, et qu'ils réfléchissent les rayons d'une gloire de quatorze siècles! On croit voir la main de la Providence qui les repolissait en secret pour leur donner un nouvel éclat, et en recomposer l'édifice de bonheur, à l'ombre duquel des enfans trop long-temps orphelins revivront sous des lois paternelles. O Providence! quel spectacle nouveau la résurrection de la France offre à la terre interdite? A qui le retour de la tranquillité a-t-il coûté d'autres larmes que des larmes de surprise et de joie ? Par quelle faveur ce passage de la violence à la justice s'est-il opéré pour nous au-dedans, sans déchiremens et sans secousses ? Qui a commandé aux vents de retenir leur haleine ? Par quelle merveilleuse inspiration tout un peuple s'est-il trouvé d'accord pour voler au-devant de son libérateur ? Par quel enchantement ces fiers courages sont-ils venus d'eux-mêmes courber la tête sous une autorité tutélaire ? Guerriers français ! tout a été perdu, hors l'honneur : il s'était réfugié sous vos tentes. Guerriers français ! vous êtes sans rivaux dans la gloire des combats ; mais il vous reste une autre gloire à acquérir : soyez sans rivaux par votre respect pour les mœurs, par votre attachement à la Religion des Duguesclin, des Bayard et des Turenne, par votre fidélité au sang de Henri IV, le meilleur ami de son peuple et le meilleur soldat de son armée.

O Providence ! je vous reconnais à vos miracles : la force qui succombe, et la faiblesse qui triomphe ; le char du conquérant fracassé, et la nacelle de Pierre qui surnage ; la couronne de fer qui n'est plus, et la couronne d'épines qui brille au Vatican ; des Souverains qui, aux portes de notre capitale, oublient la longue injure de leurs peuples, et fondent la paix du monde sur la plus belle loi de notre Evangile ; Alexandre et Frédéric, qui se jettent dans les bras l'un de l'autre, parce que *la cause de l'humanité est gagnée !* Vaincre la victoire, Messieurs, n'est pas une chose ordinaire, et à laquelle nous fussions accoutumés : et le Roi, sauveur de la France, sortant des ombres de son exil, au milieu des solennités qui célèbrent le Dieu, Sauveur du monde, sorti de la nuit du tombeau ; et les bons Chrétiens et les bons

Français chantant, dans un saint enthousiasme, *le jour que Dieu a fait*. O Providence ! je vous reconnais à vos miracles.

O France, tressaille d'alégresse ! Il arrive le seul Français qui puisse guérir les plaies de l'Etranger ; il arrive l'oriflamme catholique et la bannière des lis, mêlées et confondues dans ses mains puissantes de clémence ; il arrive, instruit par les hautes leçons que donnent de royales adversités ; il arrive, entouré des images et des exemples de ses aïeux, le descendant de ce Louis IX qui avait mis le bonheur de son peuple sous la garde des lois, les lois sous la sanction des mœurs, les mœurs sous l'empire de la Religion ; de ce Louis XII, dont la postérité confirme et répète le surnom glorieux ; de ce François Ier, le premier juge de l'honneur, la fleur des chevaliers et le restaurateur des lettres ; du bon Roi qui, à sa mort, a fait couler des larmes dont la source n'est pas encore tarie ; de ce Louis XIII, qui voulut expirer entre les mains de Vincent de Paule ; de ce Louis XIV, qui a donné son nom au grand siècle ; de ce Louis XV, dont la flatterie elle - même ne put jamais altérer la modération ni la douceur ; de ce Louis XVI, le plus vertueux et le plus infortuné des Princes ! O sainte Eglise romaine, revêts tes habits de fête : il remonte au Capitole de Jésus-Christ, le Pontife magnanime qui a tant honoré le malheur, la vieillesse et le trône et l'autel. O Eglise de France, si féconde en grands hommes, en grands services, en grands souvenirs, en grandes vertus, adorer la Providence, c'est ton devoir ; oublier les outrages que tu as reçus, c'est ta loi ; montrer tes chaînes brisées, c'est ton triomphe ; revoir l'ancienne gloire de tes sanctuaires, c'est ta joie ! O Eglise de Lyon, si distinguée entre toutes les autres par ta glorieuse primogéniture dans la foi, et ton attachement inviolable à la Royauté, entonne les hymnes de la reconnaissance et de l'amour ! Honneur à Dieu, qui soulève les flots et les abaisse; honneur à Dieu, qui courbe les sceptres et les redresse; honneur à Dieu, qui renverse les trônes et les relève; honneur à Dieu, par qui règnent les Rois sur la terre et dans le ciel !

O Louis XVI ! si vos tribulations et votre martyre, si nos supplications et nos vœux vous ont placé dans le séjour de l'éternel bonheur et de l'éternel repos, protégez votre sang, le plus beau et le plus pur de l'Univers; protégez l'héritier de vos droits et l'imitateur de vos vertus; protégez votre auguste fille, devenue la mère de tous les Français ; protégez les nobles appuis de votre trône, affermi par les orages même qui l'avaient ébranlé ; protégez une nation repentante, qui, par sa fidélité, veut être l'exemple du monde, comme elle en avait été l'effroi; protégez un Royaume où on pleurera vos malheurs, et où on bénira votre mémoire, jusqu'à ce que ses habitans soient réunis à vous, dans le Royaume de l'immortalité, avec le Dieu des justices et des miséricordes !

www.ingramcontent.com/pod-product-compliance
Lightning Source LLC
Chambersburg PA
CBHW061338060726
47596CB00003B/1326